LES
CRÊPES

Éditions des Petits Champs

Coordination éditoriale : Anne Terral
Mise en pages : Mathilde Decorbez
Couverture : Young-Ah Kim/Valérie Azzaretti

Cet ouvrage n'aurait pu voir le jour sans le soutien efficace du Centre d'études et de docu-
mentation du sucre (CEDUS) - 30, rue de Lubeck - 75116 Paris
Nous remercions tout particulièrement Chantal Bernard pour son aide précieuse.
Photographies : Guy de Peslouan/CEDUS
                Jean-Christophe Riou/CEDUS
                Laurent Rouvrais/CEDUS
                Marie Sanner/CEDUS
                Valérie Simonet/CEDUS
                Sylvie Vernichon/CEDUS

Avec l'autorisation des Éditions du Trécarré Inc., Outremont, Canada, pour certaines recettes
et photographies.
Avec l'autorisation de Patrice Dohollo pour certaines recettes et photographies.

Une édition Éditions des Petits Champs réalisée avec l'autorisation des Éditions Sand.

ISBN : 2-84660-009-0

Imprimé par Jean-Lamour, Maxéville, France.

Dépôt légal : septembre 2001

SOMMAIRE

Crêpes en fête

Par un dimanche après-midi pluvieux ou après une belle promenade au grand air, quoi de plus agréable que de savourer des crêpes bien chaudes que vous avez vous-même préparées ! Crêpes salées ou sucrées, fourrées au jambon ou au poisson, à base de chocolat ou de fruits, il existe mille et une façons originales d'agrémenter ces galettes légères faites de farine et de lait.

Les crêpes réalisées à la Chandeleur (fête catholique également appelée « fête des Chandelles » en raison des nombreux cierges allumés dans les églises le 2 février lors de la commémoration de la présentation de Jésus au Temple) célèbrent le retour du soleil par leur forme ronde et leur couleur dorée et sont l'occasion de souhaits faits en famille afin de favoriser fortune et bonheur. À votre tour de formuler un vœu au moment où vous retournez une crêpe, de tenir une pièce de monnaie dans la main tout en faisant sauter votre galette, et pourquoi pas, comme en Bourgogne, de lancer une crêpe en haut de l'armoire pour ne jamais manquer d'argent dans l'année !

Enfin, n'oubliez pas : les meilleures crêpes seront celles que vous préparerez avec amour. Alors, laissez libre cours à votre générosité, inspirez-vous des délicieuses recettes de ce petit livre, agrémentez vos crêpes d'un peu de fantaisie et régalez-vous !

Pâte à crêpes

Préparation : 15 min

Cuisson : 45 s*

Difficulté : 🍳

POUR 12 CRÊPES :

- 250 g de farine
- 1/2 cuil. à café de sel
- 2 cuil. à soupe de sucre en poudre
- 2 cuil. à soupe d'huile + un peu pour la cuisson des crêpes
- 1/2 l de liquide (moitié eau, moitié lait)
- 3 œufs
- Parfum au choix

* Temps de cuisson d'une crêpe.

1 Mettez la farine dans une terrine, faites un puits et versez-y la moitié du liquide. Délayez peu à peu. Quand la farine est parfaitement hydratée, incorporez les œufs battus en omelette.

2 Ajoutez l'huile, le sel et le sucre. Versez le reste de liquide jusqu'à ce que la pâte soit coulante mais non liquide. Parfumez au choix. Vous pouvez faire la pâte dans un robot de cuisine. Si vous mélangez la farine et la moitié du liquide avant d'ajouter les autres ingrédients, inutile de faire reposer la pâte.

3 Dans une poêle graissée et bien chaude, versez 1/2 louche de pâte. Inclinez la poêle pour napper le fond. Au bout de quelques secondes de cuisson, les bords de la crêpe se soulèvent et se décollent. Lorsque la crêpe se détache de la poêle, retournez-la avec une spatule et faites cuire l'autre face. Faites glisser la crêpe cuite sur un plat maintenu au chaud.

Le conseil du chef :

Si vous voulez des crêpes moelleuses, faites-les cuire à feu vif. Si, au contraire, vous les désirez croustillantes, faites-les cuire à feu très doux.

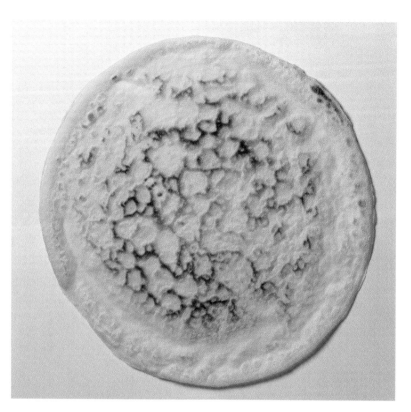

Crêpes armoricaines

Préparation : 20 min

Cuisson : 10 min

Difficulté :

POUR 4 PERSONNES :

PÂTE À CRÊPES :
- 1 œuf
- 25 cl de lait
- 150 g de farine
- 1 pincée de sel

GARNITURE :
- 2 tranches de jambon, coupées en lanières
- 2 pommes de terre, cuites et coupées en dés
- 1 oignon vert, haché
- 1 branche de céleri, coupée en bâtonnets et blanchie
- 30 g de persil, haché
- 1 boîte d'asperges

SAUCE :
- 15 g de beurre
- 30 g de farine
- 25 cl de lait, chaud
- 500 g de tomates, coupées en dés
- 15 g de Maïzena
- 125 g de fromage râpé

1 Préchauffez le four (thermostat 7 – 200 °C).

2 Pâte à crêpes : dans un bol ou au mixeur, mélangez l'œuf, le lait, la farine et le sel. Versez très peu d'huile dans une poêle antiadhésive, puis assez de pâte à crêpes pour en napper le fond. Faites cuire quelques secondes de chaque côté. Procédez ainsi jusqu'à épuisement de la pâte. Réservez les crêpes.

3 Garniture : dans un autre bol, mélangez le jambon, les pommes de terre, l'oignon, le céleri et le persil. Farcissez les crêpes d'asperges et du mélange précédent. Roulez-les et déposez-les dans un plat à gratin. Réservez.

4 Sauce : dans une casserole, faites fondre le beurre, ajoutez la farine et faites chauffer quelques secondes à feu doux. Incorporez le lait chaud et laissez mijoter quelques minutes. Ajoutez les tomates et la Maïzena délayée dans un peu de lait, amenez à ébullition. Nappez les crêpes de sauce et parsemez le fromage. Faites gratiner au four quelques minutes.

Crêpes aux fruits de mer

Préparation :	30 min
Réfrigération :	1 h
Cuisson :	5 min
Difficulté :	

POUR 6 PERSONNES :

- 3 cuil. à café d'huile
  (pour la cuisson)

PÂTE À CRÊPES :
- 10 g de levure
  en poudre
- 250 g de farine
- 1/2 cuil. à café de sel
- 2 œufs
- 37,5 cl de lait écrémé
- 30 g de margarine,
  fondue

GARNITURE :
- 125 g de petites
  crevettes cuites
- 125 g de chair de crabe
- 60 g de margarine
- 3 échalotes, hachées
- 60 g de farine
- 1/2 l de lait écrémé
- 125 g d'emmental râpé
- 1 avocat, coupé en dés
- Poivre du moulin

1 Pâte à crêpes : mélangez tous les ingrédients au mixeur. Mettez la pâte au réfrigérateur pendant 1 heure.

2 Garniture : dans une casserole, faites fondre la margarine, ajoutez les échalotes et la farine, et laissez cuire quelques secondes.

3 Incorporez le lait, brassez constamment jusqu'à épaississement. Ajoutez le fromage râpé.

4 Ajoutez l'avocat, les crevettes et la chair de crabe, poivrez. Retirez du feu et réservez au chaud.

5 Dans une poêle chaude, versez un peu d'huile, puis 6 centilitres de pâte ; faites cuire quelques secondes de chaque côté. Procédez ainsi jusqu'à épuisement de la pâte. Réservez les crêpes au chauds, recouvertes de papier d'aluminium.

6 Farcissez chaque crêpe de garniture et servez-les chaudes.

Crêpes aux herbes

Préparation :	15 min
Repos :	30 min
Cuisson :	30 min
Difficulté :	🍳

POUR 4 PERSONNES :
- 1 bouquet de ciboulette
- 3 brins de persil
- 3 brins de cerfeuil
- 35 g de beurre

PÂTE À CRÊPES :
- 200 g de farine
- 4 œufs
- 1/2 l de lait
- Sel

GARNITURE :
- 250 g d'épinards en branches, cuits
- 1 œuf
- 12,5 cl de crème fraîche
- Noix de muscade
- Sel, poivre du moulin

Le conseil du chef :
Vous pouvez napper les crêpes d'une sauce aux écrevisses.

1 Pâte à crêpes : dans un saladier, mettez la farine et faites un puits au centre. Cassez-y les œufs, ajoutez une pincée de sel et mélangez. Versez le lait, petit à petit. Mélangez jusqu'à obtention d'une pâte homogène et sans grumeaux. Laissez reposer au réfrigérateur pendant 30 minutes.

2 Garniture : dans une terrine, mélangez l'œuf, la crème fraîche et la noix de muscade. Incorporez cette préparation aux épinards. Salez et poivrez selon votre goût.

3 Lavez et coupez finement la ciboulette, le persil et le cerfeuil ensemble. Jetez les herbes dans la pâte à crêpes.

4 Beurrez la poêle et versez-y une louche de pâte. Retournez la crêpe à mi-cuisson. Garnissez chaque crêpe de la préparation aux épinards, puis roulez-les. Servez chaud.

Crêpes aux légumes

Préparation : 40 min

Cuisson : 20 min

Difficulté :

POUR 4 PERSONNES :
- 1 cuil. à café d'huile

PÂTE À CRÊPES :
- 1 œuf
- 25 cl de lait
- 175 g de farine
- 1 pincée de sel

SAUCE :
- 1 cuil. à café d'huile
- 1 ciboule, émincée
- 60 g de céleri, émincé
- 12,5 cl de vin blanc sec
- 25 cl de bouillon
  de poule dégraissé
- 15 g de Maïzena, délayée
  dans un peu d'eau
- Sel, poivre du moulin
- 12,5 cl de yaourt
- 125 g de basilic, haché

GARNITURE :
- 375 g de légumes
  (carottes, poireau,
  céleri), coupés en
  julienne
- 1 ciboule, émincée
- 30 g de persil, haché
- 300 g de pointes
  d'asperges
- Sel, poivre du moulin

1 Pâte à crêpes : mélangez au mixeur l'œuf, le lait, la farine et le sel. Dans une poêle antiadhésive, faites chauffer l'huile et versez assez de pâte pour napper le fond. Faites cuire quelques secondes de chaque côté. Procédez ainsi jusqu'à épuisement de la pâte. Réservez les crêpes.

2 Sauce : dans une casserole, faites chauffer l'huile et faites-y suer la ciboule et le céleri. Mouillez avec le vin blanc et le bouillon de poule ; laissez mijoter 10 minutes à feu moyen. Liez avec la Maïzena et assaisonnez. Au moment de servir, incorporez le yaourt et le basilic haché.

3 Préchauffez le four (thermostat 6 – 180 °C).

4 Garniture : dans un bol, mélangez la julienne de légumes, la ciboule, le persil et les pointes d'asperges coupées en deux. Assaisonnez et garnissez les crêpes de ce mélange. Déposez-les sur une plaque à biscuits graissée et enfournez 10 à 12 minutes. Garnissez chaque assiette d'une crêpe et nappez de sauce au basilic.

Crêpes chinoises aux ciboules

Préparation : 20 min

Cuisson : 2 min*

Difficulté :

POUR 8 CRÊPES :
- 5 tranches de bacon
- 6 cl d'eau chaude
- 180 g de farine
- 80 g de ciboules, hachées
- 1 petit oignon, haché
- Poivre du moulin
- 1 cuil. à soupe d'huile

* Temps de cuisson d'une crêpe.

Le conseil du chef :
Pour rehausser la saveur de ces crêpes, qui peuvent se consommer comme accompagnement pendant le repas, vous pouvez remplacer la moitié de l'huile par de l'huile de sésame.

1 Dans une poêle antiadhésive, faites cuire le bacon jusqu'à ce qu'il soit croustillant. Égouttez-le sur un essuie-tout, puis émiettez-le.

2 Dans un bol, mélangez l'eau, la farine, les ciboules, l'oignon, le bacon émietté et le poivre pour obtenir une pâte. Pétrissez-la pendant 5 minutes.

3 Divisez la pâte en 8 morceaux et façonnez-les en boules. À l'aide d'un rouleau à pâtisserie, abaissez chaque boule en une feuille aussi mince que possible.

4 Dans la poêle, faites chauffer l'huile et cuire chaque crêpe à feu moyen, jusqu'à ce qu'elle soit dorée (2 minutes environ).

5 Servez les crêpes chaudes comme amuse-gueule.

Crêpes du pêcheur

Préparation : 20 min

Cuisson : 6 min

Difficulté :

POUR 4 PERSONNES :

- 25 g de margarine

PÂTE À CRÊPES :
- 1 œuf
- 175 g de farine
- 1/4 de l de lait écrémé
- 1 pincée de sel

FONDUE DE POIREAUX :
- 1 cuil. à café d'huile
- 375 g de poireaux, émincés
- 12,5 cl de vin blanc sec ou de bouillon de poule dégraissé
- 12,5 cl de bouillon de poule dégraissé
- 15 g de Maïzena
- 12,5 cl de lait
- Sel, poivre du moulin

GARNITURE :
- 1 cuil. à café d'huile
- 500 g d'épinards
- 250 g de crevettes cuites
- Sel, poivre du moulin

1 Dans un bol ou au mixeur, mélangez les ingrédients de la pâte à crêpes.

2 Dans une poêle antiadhésive, faites fondre un peu de margarine, déposez-y 5 centilitres de pâte et faites cuire 1 minute environ de chaque côté. Procédez ainsi jusqu'à épuisement de la pâte. Réservez les crêpes.

3 Dans une casserole, faites chauffer l'huile et sauter les poireaux. Mouillez avec le vin (ou le bouillon). Laissez réduire de moitié. Ajoutez le bouillon de poule. Laissez mijoter 5 minutes. Liez avec la Maïzena. Versez le lait ; assaisonnez. Réservez au chaud.

4 Garniture : dans une poêle, faites chauffer l'huile et frémir les épinards 1 minute. Assaisonnez et incorporez les crevettes. Retirez du feu. Garnissez les crêpes de ce mélange et refermez-les sur celui-ci. Gardez au chaud.

5 Nappez les crêpes de fondue de poireaux. Servez.

Crêpes gratinées au jambon

Préparation : 30 min

Cuisson : 15 min

Difficulté :

POUR 4 PERSONNES :
- 3 cuil. à café d'huile
  (pour la cuisson)
- 250 g d'emmental râpé
  (pour gratiner)

PÂTE À CRÊPES :
- 175 g de farine
- 1/2 cuil. à café de sel
- 1 œuf
- 1/4 de l de lait écrémé
- 15 g de margarine
  fondue

GARNITURE :
- 375 g de julienne
  de jambon maigre
- 80 g de julienne de
  carotte, légèrement cuite
- 80 g de julienne de
  céleri, légèrement cuit
- 80 g de julienne de
  poireau, légèrement cuit
- 3 cuil. à café de persil

BÉCHAMEL LÉGÈRE :
- 1/2 l de lait écrémé
- 60 g de farine
- 30 g de margarine,
  fondue
- Sel, poivre du moulin

1 Au mixeur, mélangez tous les ingrédients de la pâte à crêpes. Chauffez un peu d'huile dans la poêle, versez assez de pâte pour napper le fond et faites cuire quelques secondes de chaque côté. Procédez ainsi jusqu'à épuisement de la pâte. Réservez les crêpes.

2 Hachez le persil. Dans un bol, mélangez tous les ingrédients de la garniture.

3 Farcissez les crêpes de cette préparation. Roulez-les, déposez-les dans un plat à gratin et réservez.

4 Béchamel : dans une casserole, faites chauffer le lait et liez avec un mélange de farine et margarine. Laissez mijoter quelques minutes et assaisonnez.

5 Nappez les crêpes de béchamel et parsemez le fromage râpé. Faites gratiner au four (thermostat 7 – 200 °C) pendant quelques minutes.

Aumônières aux marrons glacés

Préparation : 1 h

Cuisson : 2 min*

Difficulté :

POUR 6 PERSONNES :
- 12 crêpes pas trop fines**
- 2 gousses de vanille
- 6 marrons glacés

CRÈME AUX MARRONS GLACÉS :
- 300 g de crème de marron vanillée
- 2 cuil. à soupe de rhum (ou de cognac)
- 100 g de brisures de marrons glacés
- 20 cl de crème liquide
- 1 sachet de sucre vanillé

SAUCE AU CHOCOLAT :
- 250 g de chocolat riche en cacao
- 10 cl de lait
- 40 g de beurre

1 Tenez les crêpes au chaud au bain-marie.

2 Préparez les liens pour les 12 aumônières : fendez les gousses de vanille en deux, grattez les graines (réservez-les pour un autre usage) et redécoupez chaque demi-gousse en trois dans le sens de la longueur. Réservez.

3 Préparez la crème aux marrons : versez le rhum (ou le cognac) dans la crème de marron, puis délayez bien. Ajoutez les brisures de marrons. Fouettez la crème liquide en chantilly avec le sucre vanillé. Mélangez délicatement la crème chantilly et la crème aux marrons. Réservez au frais.

4 Préparez la sauce au chocolat : dans un saladier, cassez le chocolat en morceaux ; ajoutez le lait, puis faites fondre au micro-ondes 2 minutes. Incorporez le beurre, en mélangeant bien pour obtenir une sauce onctueuse.

5 Au moment de servir, garnissez le centre de chaque crêpe avec 1 ou 2 cuillerées de crème aux marrons. Refermez les crêpes en formant une aumônière et attachez-les avec un lien de vanille. Pour servir, disposez 2 aumônières par assiette, puis versez la sauce au chocolat autour. Décorez chaque assiette avec un marron glacé. Servez aussitôt.

* Cuisson au micro-ondes.
** Voir recette de la pâte à crêpes pages 8-9.

Le conseil du chef :
Pour tenir les crêpes au chaud au fur et à mesure de leur confection, empilez-les sur une assiette placée sur une casserole d'eau portée à légère ébullition et recouvrez-les d'une feuille d'aluminium.

Baghrir

Préparation :	10 min
Cuisson :	20 min
Repos :	1 h
Difficulté :	

POUR 24 PETITES CRÊPES* :

- 5 g de levure
  de boulanger
- 500 g de farine
- 1 cuil. à soupe de sucre
  en poudre
- 1 bonne pincée de sel
- 1 œuf
- 20 cl de lait
- 1/2 l d'eau
- Huile pour la cuisson
- 125 g de beurre
- 125 g de miel d'acacia
  ou mille-fleurs
- 2 cuil. à soupe d'eau
  de fleur d'oranger
- Bains de menthe
  (facultatif)

* Taille légèrement supérieure
à celle des blinis.

1 Mettez la farine, le sucre, le sel et la levure dans un saladier. Creusez un puits. Battez l'œuf en omelette avec le lait. Versez ce mélange dans le puits et délayez en incorporant de l'eau, peu à peu, jusqu'à obtention d'une pâte fluide et légère. Laissez reposer pendant 1 heure environ.

2 Faites cuire les crêpes d'un seul côté seulement dans une poêle antiadhésive de petit diamètre, bien graissée mais pas trop chaude, jusqu'à ce qu'elles se décollent de la poêle. Faites glisser les crêpes sur un plat tenu au chaud, sans les empiler pour qu'elles ne se collent pas entre elles.

3 Au moment de servir, faites chauffer le miel dans une petite casserole pendant 1 à 2 minutes (le temps qu'il soit liquéfié et bien chaud), puis délayez-le avec l'eau de fleur d'oranger. Pendant ce temps, faites fondre le beurre. Arrosez les crêpes de beurre et de miel. Présentez-les dans un plat que vous décorerez éventuellement de quelques brins de menthe. Servez aussitôt.

Le conseil du chef :
Si vous n'obtenez pas une pâte homogène et qu'elle présente des grumeaux, filtrez-la à l'aide d'une passoire fine.

Boulaigou limousin

Préparation : 10 min

Cuisson : 18 min

Difficulté :

Pour 8 personnes :
- 250 g de farine
- 1/2 cuil. à café de sel
- 50 g de sucre
  en poudre
- 3 œufs
- 2/3 de l de lait
- 80 g de beurre

1 Mettez la farine tamisée, le sel et le sucre dans une terrine. Faites une fontaine et cassez-y les œufs. Mélangez bien.

2 En veillant à ne pas faire de grumeaux, délayez peu à peu avec le lait jusqu'à obtention d'une pâte homogène et fluide.

3 Dans une grande poêle antiadhésive, faites fondre 50 grammes de beurre sur feu doux, sans le laisser prendre couleur. Versez doucement la pâte et couvrez. Faites cuire 10 minutes sur feu très doux, en évitant les projections et en veillant à ce que le boulaigou dore sans noircir. Retournez-le sur un plat.

4 Faites fondre le reste de beurre et faites-y cuire le boulaigou sur l'autre face 7 à 8 minutes.

5 Faites glisser le boulaigou sur un plat de service et saupoudrez-le de sucre. Servez chaud.

Crapiaux aux pommes

Préparation : 10 min

Macération : 30 min

Cuisson : 4-5 min*

Difficulté :

POUR 10 CRAPIAUX :
- 250 g de farine
- 3 cuil. à soupe de sucre en poudre
- 4 œufs
- 1/2 l de lait
- 1/2 cuil. à café de sel
- 3 à 4 pommes acides (genre reinette)
- 2 cuil. à soupe de cognac
- Beurre pour la cuisson

* Temps de cuisson d'un crapiau.

1 Épluchez les pommes, coupez-les en tranches très fines et faites-les macérer avec 2 cuillerées à soupe de sucre et le cognac 30 minutes.

2 Préparez la pâte à crêpes avec la farine, les œufs, le sel, 1 cuillerée à soupe de sucre et le lait : la pâte est assez épaisse.

3 Ajoutez les pommes et leur jus de macération. Travaillez le mélange afin que les pommes soient bien enrobées de pâte.

4 Faites cuire les crapiaux dans une poêle épaisse beurrée, lentement, afin que les pommes soient bien tendres, en les retournant à l'aide d'une spatule ou d'une assiette lorsque le premier côté est doré. Faites cuire le second côté de la même façon.

5 Glissez les crapiaux sur un plat, saupoudrez de sucre et tenez au chaud au bain-marie.

Crêpes aux mirabelles

Préparation :	45 min
Repos :	1 h
Cuisson :	25 min
Difficulté :	🎩

POUR 6 PERSONNES :

PÂTE À CRÊPES :
- 125 g de farine
- 1 pincée de sel
- 1 cuil. à soupe de sucre en poudre
- 2 œufs
- 50 g de beurre
- 1/4 de l de lait
- 4 cuil. à soupe d'eau-de-vie de mirabelle
- Huile pour la cuisson

GARNITURE :
- 800 g de mirabelles
- 3 cuil. à soupe d'amandes effilées
- 80 g de beurre
- 100 g de sucre en poudre
- 4 cuil. à soupe d'eau-de-vie de mirabelle

1 Préparez la pâte à crêpes : dans une terrine, mélangez la farine, le sel et le sucre. Creusez un puits, cassez-y les œufs. Travaillez à la spatule en incorporant le beurre juste fondu, puis en délayant avec le lait, sans faire de grumeaux. Parfumez la pâte avec l'eau-de-vie de mirabelle. Laissez reposer 1 heure.

2 Préparez la garniture : lavez les mirabelles et fendez-les sans les ouvrir, juste pour pouvoir les dénoyauter.

3 Faites blondir les amandes effilées dans une poêle antiadhésive, à sec, pendant quelques secondes, en les mélangeant à la spatule.

4 Faites cuire 12 crêpes assez fines dans une poêle, en graissant celle-ci à chaque fois avec un peu d'huile. Tenez-les au chaud au bain-marie.

5 Préchauffez le four (thermostat 5 – 160 °C).

6 Faites fondre 50 g de beurre dans une poêle. Dès qu'il est chaud, ajoutez les mirabelles et saupoudrez-les de sucre. Laissez cuire à feu doux, en mélangeant, jusqu'à ce que les mirabelles commencent à caraméliser. Retirez-les alors de la poêle et déglacez le jus de cuisson avec 15 centilitres d'eau. Grattez à la spatule et faites réduire de moitié sur feu vif.

7 Garnissez chaque crêpe de mirabelles, de 1 cuillerée de jus de cuisson et de quelques amandes effilées. Roulez-les et rangez-les dans un plat beurré allant au four, en les serrant les unes contre les autres.

8 Enfournez à mi-hauteur du four et réchauffez 5 minutes. Au sortir du four, faites chauffer l'eau-de-vie, enflammez-la dans la casserole et versez aussitôt sur les crêpes chaudes. Servez sans attendre.

Crêpes à la cassonade

Préparation : 10 min

Cuisson : 45 s*

Difficulté :

Pour 10 crêpes :

Pâte à crêpes :
- 100 g de farine
- 1 cuil. à soupe
  de cassonade
- 4 œufs
- 1 pincée de sel
- 1/4 de l de bière
- Huile pour la cuisson

Garniture :
- 100 g de beurre
- 100 g de cassonade

* *Temps de cuisson d'une crêpe.*

Le conseil du chef :
*Pour décorer,
saupoudrez de sucre
glace, puis posez
une boule de glace
à la pistache à côté de la
crêpe. Disposez quelques
éclats de pistache autour
de la boule de glace.
Procédez de même
avec toutes les crêpes
et servez aussitôt.*

1 Faites cuire 2 œufs à l'eau bouillante pendant 10 minutes, et écalez-les. Écrasez les jaunes à la fourchette pour les réduire en pâte.

2 Versez la farine dans une terrine et faites une fontaine. Mettez-y les 2 œufs entiers, les jaunes cuits, la cassonade, le sel et la moitié de la bière.

3 Mélangez vigoureusement, en incorporant la farine peu à peu, pour obtenir une pâte parfaitement lisse. Ajoutez le reste de bière pour la rendre fluide.

4 Faites cuire une crêpe dans une poêle graissée avec un peu d'huile. Posez une noisette de beurre sur la crêpe, saupoudrez-la de cassonade et pliez-la en 2. Procédez ainsi jusqu'à épuisement de la pâte. Empilez les crêpes sur une assiette tenue au chaud. Servez chaud.

Crêpes à la farine de châtaigne

Préparation :	10 min
Repos :	1 h
Cuisson :	2 min*
Difficulté :	

POUR ENVIRON **20** CRÊPES :

- 125 g de farine de froment
- 125 g de farine de châtaigne
- 1/2 cuil. à café de sel
- 1 cuil. à soupe de sucre en poudre + un peu pour saupoudrer
- 3 œufs
- 1/2 l de lait
- 1 cuil. à soupe de rhum ambré
- 1 cuil. à soupe d'huile + un peu pour la cuisson
- Sucre en poudre

* Temps de cuisson d'une crêpe.

1 Dans une terrine, tamisez les 2 farines. Creusez un puits. Mettez-y le sel et la cuillerée de sucre. Cassez-y les œufs et délayez avec le lait, peu à peu, jusqu'à obtention d'une pâte fluide. Parfumez avec le rhum, puis ajoutez l'huile pour donner de l'onctuosité. Mélangez bien. Couvrez avec un torchon et laissez reposer 1 heure à température ambiante.

2 Faites chauffer une poêle et graissez-la avec un peu d'huile. Dès qu'elle est bien chaude, versez-y une petite louche de pâte et inclinez la poêle en tous sens pour bien la répartir. Faites cuire la crêpe environ 1 minute 30 sur la première face et 30 secondes sur la seconde. Procédez ainsi jusqu'à épuisement de la pâte. Empilez les crêpes, en les saupoudrant de sucre en poudre. Vous pouvez éventuellement les maintenir au chaud au bain-marie.

3 Servez aussitôt, accompagné de crème de marrons et de crème chantilly.

Crêpes à l'anis du Périgord

Préparation :	20 min
Repos :	2 h
Cuisson :	45 s*
Difficulté :	👨‍🍳

POUR 12 CRÊPES :

- 2 cuil. à soupe de graines d'anis vert
- 10 cl de pastis ou d'apéritif anisé
- 250 g de farine
- 1 cuil. à café de sel
- 2 cuil. à soupe de sucre en poudre
- 3 œufs
- 50 cl de lait
- 1 cuil. à soupe d'huile
- Huile pour la cuisson
- Sucre en poudre à volonté ou miel liquide

* Temps de cuisson d'une crêpe.

1 Triez les graines d'anis, qui comportent souvent des petites brindilles. Mettez-les dans un verre et arrosez-les avec le pastis. Laissez infuser jusqu'à utilisation.

2 Dans une terrine, mélangez la farine, le sel et le sucre. Faites une fontaine; cassez-y les œufs, délayez peu à peu, en versant le lait en mince filet. Quand la pâte est homogène, incorporez l'infusion de graines d'anis préalablement filtrée et l'huile. Délayez. Laissez reposer au moins 2 heures, pour obtenir une pâte fluide et légère.

3 Faites cuire les crêpes dans une poêle bien chaude et graissée avec de l'huile. Dès qu'elles sont cuites, faites-les glisser sur un plat maintenu au chaud, roulez-les et poudrez-les de sucre ou nappez-les de miel.

Crêpes à la rhubarbe

Préparation :	30 min
Cuisson :	30 min
Difficulté :	

POUR **6** PERSONNES :

- 12 crêpes*

COMPOTE DE RHUBARBE :

- 800 g de tiges de rhubarbe bien fraîche
- 250 g de sucre en poudre

CRÈME CHANTILLY :

- 20 cl de crème fraîche liquide
- 1 cuil. à soupe de sucre glace
- 1 sachet de sucre vanillé

DÉCORATION :

- Quelques fraises

* Voir recette de la pâte à crêpes pages 8-9.

Le conseil du chef :
Juste avant de répartir les flocons de crème chantilly dans les assiettes, vous pouvez faire légèrement tiédir les crêpes garnies en les passant au four quelques instants.

1 Préparez la compote : pelez les tiges de rhubarbe en éliminant les filaments. Coupez-les en tronçons. Mettez-les dans une casserole avec le sucre et mélangez. Placez sur feu doux et laissez cuire 20 à 30 minutes, jusqu'à ce que la rhubarbe soit tendre et la compote assez épaisse. Retirez du feu et laissez refroidir.

2 Au moment de servir, étalez 2 cuillerées à soupe de compote de rhubarbe sur chaque crêpe et repliez-les en carré. Disposez-les deux par deux sur des assiettes à dessert.

3 Préparez les fraises pour la décoration : lavez-les, puis équeutez-les. Coupez-les en quatre et réservez.

4 Préparez la crème chantilly : fouettez la crème fraîche bien froide, en incorporant le sucre glace et le sucre vanillé. Dès obtention de la consistance d'une chantilly, prélevez quelques gros flocons (à la cuillère ou à la poche à douille) et disposez-les dans les assiettes. Décorez avec les quartiers de fraise. Servez aussitôt.

Crêpes au sésame à la créole

Préparation :	20 min
Réfrigération :	30 min
Cuisson :	20 min
Difficulté :	

POUR 4 PERSONNES :

PÂTE À CRÊPES :
- 125 g de farine
- 1 cuil. à soupe de sucre en poudre
- 1 pincée de sel
- 1 œuf
- 1 cuil. à soupe d'huile
- 20 cl de lait
- Beurre pour la cuisson
- 3 cuil. à café de graines de sésame

GARNITURE :
- 1 banane
- 100 g de chocolat riche en cacao
- 2 cuil. à soupe de crème fraîche liquide
- 2 cuil. à soupe de noix de coco râpée

1 Pâte à crêpes : dans un saladier, versez la farine tamisée, le sel et le sucre. Mélangez et faites un puits. Cassez-y l'œuf et ajoutez l'huile, puis délayez avec la moitié du lait. Quand la pâte est bien lisse, ajoutez le reste de lait.

2 Réservez au réfrigérateur 30 minutes.

3 Beurrez la poêle et chauffez-la sur feu moyen. Versez-y une louche de pâte, puis inclinez-la en tous sens pour bien la répartir. Parsemez aussitôt quelques graines de sésame à la surface de la pâte.

4 Laissez cuire sur feu moyen quelques minutes, puis retournez la crêpe. Faites-la juste dorer, en veillant à ne pas brûler les graines de sésame. Procédez de même pour les 3 autres crêpes.

5 Garniture : cassez le chocolat en petits morceaux et faites-le fondre doucement au bain-marie. Hors du feu, ajoutez la crème fraîche.

6 Garnissez chaque crêpe avec quelques rondelles de banane et 1 cuillerée à soupe de chocolat chaud. Pliez les crêpes en éventail et parsemez-les de noix de coco râpée. Servez aussitôt.

Le conseil du chef :
Vous pouvez décorer chaque assiette de quelques feuilles de menthe.

Crêpes aux pommes au sirop d'érable

Préparation :	25 min
Cuisson :	20 min
Repos :	1 h
Difficulté :	

POUR 8 CRÊPES :

PÂTE À CRÊPES :
- 250 g de farine
- 2 œufs
- 37,5 cl de lait
- 1 zeste d'orange râpé finement
- 1 zeste de citron râpé finement
- 2 cuil. à soupe d'huile

GARNITURE :
- 60 g de beurre
- 80 g de sucre en poudre
- 6 pommes, pelées, évidées et tranchées
- Quelques bouquets de menthe fraîche

SAUCE :
- 250 g de sucre en poudre
- 6 cl d'eau
- 20 cl de crème fraîche
- 12,5 cl de sirop d'érable

1 Pâte à crêpes : dans un bol ou au mixeur, mélangez la farine et les œufs en incorporant le lait, jusqu'à ce que la pâte soit lisse. Ajoutez les zestes d'agrumes et laissez reposer 1 heure.

2 Dans une poêle antiadhésive de 25 centimètres de diamètre, très légèrement graissée avec de l'huile et chauffée, faites cuire 8 crêpes. Réservez.

3 Garniture : dans une sauteuse, faites fondre le beurre en augmentant graduellement l'intensité du feu, ajoutez le sucre et faites cuire environ 5 minutes, jusqu'à ce qu'il soit doré. Ajoutez les pommes et laissez mijoter à feu doux 10 minutes. Retirez du feu et réservez.

4 Sauce : dans une casserole, réunissez le sucre et l'eau, et faites cuire jusqu'à ce que le sirop prenne une couleur dorée. Réduisez le feu, puis ajoutez la crème en faisant attention aux éclaboussures. Incorporez le sirop d'érable et laissez mijoter 5 minutes. Retirez du feu.

5 Répartissez la garniture de pommes sur les 8 crêpes, roulez-les et déposez-les sur les assiettes. Nappez les crêpes de sauce à l'érable et décorez de quelques bouquets de menthe fraîche. Servez aussitôt.

Le conseil du chef :
Pour un dessert plus sophistiqué, vous pouvez décorer les assiettes de quelques rondelles d'orange ou de citron.

Crêpes aux raisins

Préparation :	10 min
Repos :	1 h
Cuisson :	10 min
Difficulté :	

POUR 6 PERSONNES :
- 250 g de farine
- 1/2 cuil. à café de sel
- 10 g de levure de boulanger
- 30 cl de lait
- 1/2 œuf
- 60 g de raisins de Smyrne
- 60 g de raisins de Corinthe
- 50 g de beurre ou 50 ml d'huile pour la cuisson

GARNITURE :
- Sucre en poudre ou cassonade

1 Dans une terrine, mélangez la farine et le sel. Faites un puits.

2 Délayez la levure avec un peu de lait tiède. Versez ce mélange dans le puits avec les 2/3 du lait restant et le 1/2 œuf battu. Mélangez de façon à obtenir une pâte épaisse et très homogène, puis délayez avec le reste de lait.

3 Ajoutez les raisins secs lavés. Mélangez et laissez reposer à température ambiante 1 heure.

4 Faites cuire les crêpes dans une poêle, au beurre ou à l'huile, en mettant 3 cuillerées à soupe de pâte à la fois, pour obtenir 3 petites crêpes. Retournez-les pour faire dorer l'autre côté. Procédez ainsi jusqu'à épuisement de la pâte. Servez chaud, avec du sucre en poudre ou de la cassonade.

Crêpes de fruits au cottage cheese

Préparation :	20 min
Repos :	20 min
Cuisson :	15 min
Difficulté :	

POUR 4 CRÊPES :

PÂTE À CRÊPES :
- 125 g de farine
- 2 œufs moyens
- 8 cl de lait écrémé
- 1 pincée de sel
- 5 g de sucre en poudre
- 1 cuil. à café d'extrait de vanille
- 3 cuil. à café d'huile

GARNITURE :
- 4 demi-pêches en conserve dans leur jus, égouttées et tranchées
- 60 g d'amandes grillées
- 125 g de cottage cheese
- 1/2 cuil. à café de cannelle moulue
- 3 cuil. à soupe de miel liquide
- 4 zestes d'orange de 7 cm de long, blanchis

Le conseil du chef :
Accompagnez ce dessert d'une crème anglaise.

1 Préchauffez le four (thermostat 6 – 180 °C).

2 Préparez la pâte : mélangez bien tous les ingrédients dans un grand bol. Laissez reposer 20 minutes.

3 Dans une poêle antiadhésive, faites cuire 4 crêpes très minces à feu moyen ; réservez.

4 Dans un bol, mélangez les tranches de pêche, les amandes, le cottage cheese, la cannelle et le miel. Répartissez la préparation sur les crêpes et refermez-les en formant une aumônière. Attachez-les avec un zeste d'orange blanchi. Déposez les aumônières sur une plaque à biscuits et faites cuire au four 5 à 8 minutes.

Crêpes en aumônières

Préparation : 20 min

Cuisson : 5 min

Difficulté :

POUR 12 CRÊPES :

- 3 cuil. à café d'huile (pour la cuisson)
- Crème anglaise
- Quelques petites feuilles de menthe

PÂTE À CRÊPES :

- 175 g de farine
- 15 g de sucre glace
- 1/2 cuil. à café de sel
- 1 œuf
- 1/4 de l de lait écrémé
- 15 g de margarine fondue

COULIS DE FRAMBOISE :

- 500 g de framboises
- 60 g de sucre
- 6 cl d'eau

GARNITURE :

- 250 g de fraises, tranchées
- 250 g de framboises
- 250 g de myrtilles
- 1 pêche, en morceaux
- 1 prune, en morceaux
- 1 melon, en morceaux
- 1 banane, coupée en rondelles

1 Mélangez tous les ingrédients de la pâte à crêpes au mixeur. Dans une poêle antiadhésive, versez un peu d'huile et déposez juste assez de pâte pour napper le fond ; faites cuire quelques secondes de chaque côté. Procédez ainsi jusqu'à épuisement de la pâte. Réservez les crêpes.

2 Coulis de framboise : dans une casserole, faites mijoter les ingrédients du coulis à feu doux 5 minutes. Au mixeur, réduisez la préparation en purée et passez-la à la passoire fine. Réservez.

3 Garniture : dans un bol moyen, mélangez tous les ingrédients et garnissez-en les crêpes.

4 Nappez les crêpes de coulis de framboise et refermez-les en formant une aumônière. Servez avec une crème anglaise parfumée à la menthe.

Crêpes en cigares

Préparation : 30 min

Cuisson : 10 min

Difficulté :

POUR 4 PERSONNES :
- 12 crêpes fines d'environ 20 centimètres de diamètre*

CRÈME CHANTILLY :
- 20 cl de crème liquide très fraîche
- 3 cuil. à soupe de sucre glace
- 1 cuil. à café de rhum ambré

COULIS DE CHOCOLAT :
- 100 g de chocolat riche en cacao
- 50 g de sucre en poudre
- 4 cuil. à soupe de café fort
- 1 petite noisette de beurre

* Voir recette de la pâte à crêpes pages 8-9.

Le conseil du chef :
Laissez refroidir les crêpes avant de les garnir.

1 Sortez la crème liquide du réfrigérateur au dernier moment. Versez-la dans une terrine bien froide et fouettez-la en chantilly. Quand elle est aux 3/4 montée, incorporez le sucre glace peu à peu, puis le rhum. Remettez au frais jusqu'à utilisation.

2 Préparez le coulis : dans un saladier, cassez le chocolat en morceaux. Faites-le fondre au bain-marie. Délayez le sucre en poudre dans le café. Incorporez-le à la pâte de chocolat et mélangez bien jusqu'à obtention d'une consistance de coulis. Rajoutez le beurre pour une préparation plus lisse.

3 Sortez la crème chantilly du réfrigérateur et garnissez-en chaque crêpe. Roulez-les au fur et à mesure en forme de cigare et déposez-les sur un plat de service. Nappez les crêpes avec le coulis de chocolat et servez aussitôt.

Crêpes flambées

Préparation :	55 min
Repos :	1 h
Macération :	30 min
Cuisson :	20 min
Difficulté :	

POUR 12 CRÊPES :

PÂTE À CRÊPES :
- 180 g de farine
- 2 œufs
- 40 g de sucre en poudre
- 40 g de beurre
- 1/2 cuil. à café de sel
- 30 cl de lait
- 1 cuil. à café d'eau de fleur d'oranger

COMPOTE :
- 2 pommes moyennes
- 2 poires
- 2 bananes
- 75 g de sucre en poudre
- 1 cuil. à café d'eau de fleur d'oranger
- 75 g de sucre en poudre
- 75 g de beurre

POUR FLAMBER :
- 10 cl de rhum ambré
- 2 cuil. à soupe de sucre en poudre

1 Pâte à crêpes : mettez la farine dans une terrine ; faites un puits ; versez la moitié du lait, délayez pour obtenir une pâte lisse, à peine fluide ; ajoutez les œufs, en battant bien, le sel, le sucre, le beurre fondu et l'eau de fleur d'oranger ; versez le reste du lait, mélangez ; laissez reposer 1 heure.

2 Compote : épluchez et épépinez les poires et les pommes, coupez-les en 4, puis en morceaux. Épluchez les bananes, coupez-les en rondelles. Saupoudrez les fruits de sucre, ajoutez l'eau de fleur d'oranger. Laissez macérer 30 minutes. Dans une poêle, faites fondre le beurre et ajoutez les fruits. Laissez cuire à feu modéré, en remuant souvent, 20 à 25 minutes environ jusqu'à ce que la compote caramélise. Retirez du feu et réservez.

3 Faites cuire les crêpes. Déposez 1 cuillerée de compote sur chacune d'elles et étalez-la.

4 Roulez chaque crêpe en forme de gros cigare et rangez-les dans un plat. Saupoudrez de sucre et mettez au four (thermostat 5 – 160 °C) 20 minutes.

5 Apportez le plat chaud sur la table. Faites tiédir le rhum dans une casserole. Mettez une pincée de sucre dans une cuillère et remplissez-la de rhum tiède. Versez le reste de rhum sur les crêpes chaudes. Enflammez le contenu de la cuillère, répandez-le dans le plat ; le rhum s'enflamme. Arrosez les crêpes pendant le flambage.

Crêpes flambées au cognac

Préparation : 15 min

Cuisson : 5 min

Difficulté :

POUR 10 CRÊPES :

PÂTE À CRÊPES :
- 150 g de farine
- 1/3 de l de lait
- 2 œufs
- 2 cuil. à soupe de beurre fondu
- 3 cuil. à soupe de sucre en poudre

CUISSON :
- 3 cuil. à soupe de beurre

GARNITURE :
- 60 g de beurre
- Le zeste râpé de 1 orange
- 75 g de sucre en poudre
- 15 cl de cognac

1 Préparez la pâte à crêpes : mélangez la farine et le lait, puis incorporez les œufs, le sucre et le beurre fondu.

2 Faites cuire les crêpes, pliez-les en 4 et tenez-les au chaud sur une assiette placée au bain-marie.

3 Au moment de servir, choisissez une poêle pouvant être présentée à table. Mélangez le beurre mou avec le zeste d'orange, puis faites fondre ce beurre parfumé dans la poêle. Disposez les crêpes en éventail et faites-les réchauffer pendant 5 minutes. Saupoudrez-les de sucre, arrosez-les de cognac tiédi et flambez. Servez aussitôt.

Crêpes fourrées aux myrtilles

Préparation :	30 min
Repos :	30 min
Cuisson :	30 min
Difficulté :	👨‍🍳

POUR 10 CRÊPES :

- 400 g de myrtilles
- 50 g de sucre glace

PÂTE À CRÊPES :

- 125 g de farine
- 1/4 de l de lait
- 3 œufs + 1 jaune
- 40 g de beurre
- 40 g de sucre en poudre

CRÈME VANILLE :

- 1/4 de l de lait
- 1/2 gousse de vanille
- 3 jaunes d'œufs
- 60 g de sucre en poudre
- 3 boules de glace
  à la vanille

Le conseil du chef :
Saupoudrez les petites crêpes de sucre glace, puis passez-les au four très chaud, juste le temps de faire caraméliser un peu le sucre. Servez brûlant, accompagné de la crème bien froide.

1 Préparez la pâte à crêpes : délayez la farine avec le lait tiède. Laissez reposer 30 minutes. Séparez les blancs d'œufs des jaunes. Travaillez les jaunes avec le sucre et le beurre fondu. Versez le mélange farine + lait et mélangez bien. Incorporez les blancs battus en neige molle. Préparez des petites crêpes fines (utilisez très peu de matière grasse pour la cuisson). Déposez 1 cuillerée à soupe de myrtilles sur chacune d'elles. Pliez les crêpes en quatre et disposez-les, en éventail, sur un plat allant au four.

2 Préparez la crème vanille : faites infuser la vanille dans le lait chaud. Mélangez les jaunes d'œufs et le sucre, puis versez peu à peu le lait chaud vanillé. Faites épaissir en remuant sur feu doux. Retirez du feu lorsque la crème nappe la cuillère. Laissez refroidir et mettez au réfrigérateur.

3 Au moment de servir, ajoutez les boules de glace à la vanille et mixez le tout pour rendre la crème onctueuse.

Crêpes garnies

Préparation :	1 h
Cuisson :	2 min*
Difficulté :	

POUR 70 PETITES CRÊPES :

PÂTE À CRÊPES :
- 400 g de farine
- 3/4 de l de lait
- 80 g de sucre en poudre
- 80 g de beurre
- 2 sachets de sucre vanillé
- 1/2 cuil. à café de sel
- 5 œufs

GARNITURE (AU CHOIX) :
- Sucre : blanc, roux
- Crème : crème au chocolat, pâte à tartiner, crème de marron, fromage blanc sucré
- Fruits secs : raisins secs, noix de coco, amandes effilées, noix et noisettes hachées
- Fruits frais : bananes émincées + citron, poires émincées, compotes

1 Préparez la pâte à crêpes : mettez la farine dans une terrine et faites une fontaine. Versez la moitié du lait et remuez à la spatule pour obtenir un mélange parfaitement lisse. Ajoutez le sel, le sucre et le sucre vanillé, le beurre fondu, les œufs et battez bien le mélange. Versez le reste de lait, mélangez et laissez reposer pendant 1 heure.

2 Faites cuire les crêpes dans de très petites poêles antiadhésives. Après chaque cuisson, nettoyez les poêles avec un tampon de papier absorbant imprégné de beurre. Si la pâte est trop épaisse, ajoutez un peu d'eau. Superposez les crêpes sur une assiette, au fur et à mesure de la cuisson, en formant une pile. Laissez refroidir.

3 Dans des coupes (ou des petits bols), préparez les différents éléments de la garniture que vous avez choisi de proposer, en les classant par genre sur des tables ou des plateaux différents.

4 Chaque personne se servira et composera sa garniture selon ses envies (exemples : fromage blanc + raisins secs + chocolat râpé ; crème de marrons + noix de coco ; pâte à tartiner + poires + amandes effilées), puis elle pliera sa crêpe et la roulera.

Le conseil du chef :
Les crêpes se font très facilement. En utilisant 2 poêles avec un feu bien réglé, la cuisson est rapide (1 minute par face en moyenne).
Pour une bonne organisation, les crêpes, servies froides, peuvent être préparées quelques heures à l'avance.

* Temps de cuisson d'une crêpe.

Crêpes légères fraise-pistache

Préparation :	30 min
Cuisson :	45 s*
Difficulté :	

POUR 10 CRÊPES :

PÂTE À CRÊPES :
- 100 g de farine
- 50 g de sucre
- 1 pincée de sel
- 20 cl de lait
- 3 œufs
- 20 g de beurre + un peu pour la poêle

MOUSSE AUX FRAISES :
- 500 g de fraises
- 20 cl de crème fraîche épaisse bien froide
- 100 g de sucre glace

DÉCORATION :
- Sucre glace
- 1/2 l de glace à la pistache
- Quelques éclats de pistaches non salées

* Temps de cuisson d'une crêpe.

1 Préparez la pâte à crêpes : dans une terrine, mettez la farine, le sucre et le sel. Mélangez. En remuant au fouet, incorporez le lait, les œufs, puis le beurre fondu.

2 Beurrez légèrement une poêle antiadhésive de 22 centimètres de diamètre. Mettez-la sur le feu et faites-y cuire les crêpes, jusqu'à épuisement de la pâte. Laissez-les refroidir.

3 Préparez la mousse aux fraises : lavez et équeutez les fraises. Coupez-les en gros morceaux. Placez la crème fraîche bien froide dans un saladier également froid. Battez la crème en chantilly, en ajoutant le sucre glace vers la fin. Incorporez les morceaux de fraise à la chantilly.

4 Pour servir, étalez une crêpe sur une assiette. Déposez 2 grosses cuillerées de mousse aux fraises sur une moitié. Repliez l'autre moitié par-dessus.

Crêpes martiniquaises

Préparation :	15 min
Cuisson :	45 s*
Difficulté :	

POUR 6 PERSONNES :

PÂTE À CRÊPES :
- 250 g de farine
- 1/2 de l de lait
- 30 g de beurre
- 2 cuil. à soupe de sucre en poudre
- 1 pincée de sel
- 3 œufs

GARNITURE :
- 150 g de beurre
- 100 g de cassonade
- 3 cuil. à soupe de rhum

DÉCORATION :
- 1 citron vert

* *Temps de cuisson d'une crêpe.*

1 Préparez la pâte à crêpes (voir pages 8-9) et laissez-la reposer pendant 1 heure.

2 Garniture : travaillez le beurre en pommade en le remuant à la spatule, sans le faire fondre. Lorsqu'il est crémeux, incorporez la cassonade et travaillez bien le mélange pour qu'il soit très onctueux. Ajoutez le rhum et battez bien.

3 Faites cuire les crêpes. Au fur et à mesure de la cuisson, tartinez chaque crêpe encore tiède du mélange sucré. Pliez-les en quatre et posez sur une assiette placée au bain-marie.

4 Servez les crêpes tièdes, décorées de zestes de citron vert.

Crêpes meringuées aux poires

Préparation : 30 min

Repos : 1 h

Cuisson : 15 min

Difficulté :

POUR 12 CRÊPES :

PÂTE À CRÊPES :
- 150 g de farine
- 2 gros œufs
- 1 cuil. à soupe de sucre en poudre
- 1/4 de l de lait
- 1 pincée de sel
- 2 cuil. à soupe d'huile

GARNITURE :
- 3 blancs d'œufs
- 150 g de sucre
- 2 belles poires fondantes (Comice)
- 3 biscuits à la cuiller
- 3 cuil. à soupe d'eau-de-vie de poire

DÉCORATION :
- 50 g de sucre glace

1 Préparez la pâte à crêpes et laissez-la reposer 1 heure. Si elle est trop épaisse, ajoutez quelques cuillerées à soupe d'eau. Faites cuire une douzaine de crêpes fines, de taille moyenne.

2 Placez les blancs d'œufs et le sucre dans une terrine, au bain-marie. Battez au fouet pour obtenir une meringue ferme et brillante.

3 Pelez, coupez et évidez les poires. Faites-les cuire en compote avec 2 cuillerées à soupe d'eau. Mêlez-les à la meringue.

4 Coupez les biscuits à la cuiller en petits morceaux, imbibez-les d'eau-de-vie de poire, puis mélangez-les à la préparation précédente.

5 Préchauffez le four (thermostat 6-180°C).

6 Déposez 1 cuillerée à soupe de garniture au centre de chaque crêpe. Repliez les bords de manière à obtenir un paquet carré, mais sans fermer complètement.

7 Disposez les paquets de crêpes à plat, côte à côte, dans un plat allant au four et pouvant être présenté à table.

8 Saupoudrez de sucre glace à travers un tamis et passez au four quelques minutes. Servez aussitôt.

Crêpes soufflées

Préparation :	1 h
Cuisson :	8 min
Difficulté :	🍴🍴🍴

POUR **6** PERSONNES
(**12** CRÊPES DE **15** CM
DE DIAMÈTRE ENVIRON) :

PÂTE À CRÊPES :
• 150 g de farine
• 2 œufs
• 1 pincée de sel
• 1 cuil. de sucre
  en poudre
• 30 g de beurre fondu
• 1/4 de l de lait
• 10 cl d'eau

APPAREIL À SOUFFLÉ :
• 4 œufs
• 75 g de sucre en poudre
• 30 g de farine
• 1/4 de l de lait
• 1 petit verre à liqueur
  de Grand Marnier

SABAYON :
• 4 jaunes d'œufs
• 100 g de sucre
  en poudre
• 15 cl de champagne
  (ou de mousseux)

DÉCORATION :
• 30 g de sucre glace

1 Préparez la pâte à crêpes et laissez-la reposer pendant 1 heure. Faites cuire les crêpes. Empilez-les au fur et à mesure de la cuisson, pour qu'elles restent moelleuses.

2 Préparez l'appareil à soufflé : dans une terrine, travaillez les jaunes d'œufs avec le sucre. Ajoutez la farine, puis le lait chaud. Faites épaissir sur feu doux, en remuant sans arrêt. Donnez 2 ou 3 bouillons, puis retirez du feu et laissez tiédir. Ajoutez alors le Grand Marnier, puis les blancs d'œufs battus en neige.

3 Déposez 1 cuillerée d'appareil à soufflé sur la moitié de chaque crêpe.

4 Repliez l'autre moitié par-dessus.

5 Préparez le sabayon : dans une terrine placée au bain-marie, battez au fouet les jaunes d'œufs, le sucre et le champagne jusqu'à obtention d'une mousse ferme et onctueuse. Versez le sabayon dans un récipient chaud.

6 Rangez les crêpes dans un plat à four beurré et faites « souffler » à feu vif. Mettez-les 4 minutes au four (thermostat 7/8 – 230 °C), saupoudrez-les de sucre glace. Remettez-les au four pour terminer la cuisson. Servez brûlant, accompagné du sabayon chaud.

Crêpes soufflées à la chicorée

Préparation : 30 min

Cuisson : 15 min

Difficulté :

POUR 6 PERSONNES :
- 12 crêpes*
- 4 œufs
- 40 g de farine
- 100 g de sucre en poudre
- 1/4 de l de lait
- 2 cuil. à soupe de chicorée liquide
- 50 g de beurre
- 2 cuil. à soupe de sucre glace

Voir recette de la pâte à crêpes pages 8-9.

1 Préparez l'appareil à soufflé : cassez les œufs en séparant les blancs des jaunes.

2 Dans une terrine, fouettez les jaunes d'œufs avec le sucre en poudre jusqu'à ce que le mélange blanchisse. Incorporez la farine, puis délayez avec le lait. Versez cette crème dans une casserole et portez sur feu doux. Faites-la épaissir, sans cesser de remuer à la spatule. Cela se fait rapidement. Au premier bouillon, retirez du feu. Versez dans un saladier et laissez refroidir complètement.

3 Préchauffez le four (thermostat 6 – 180 °C).

4 Incorporez la chicorée liquide à la préparation. Fouettez pour lisser. Battez les blancs d'œufs en neige ; puis incorporez-les à la préparation. Réservez.

5 Beurrez un plat à four avec la moitié du beurre. Transformez les crêpes rondes en crêpes carrées. Fermez les 4 côtés en repliant légèrement les crêpes. Au centre de chaque crêpe, déposez 2 cuillerées à soupe de préparation. Repliez les 4 côtés sur la préparation mais pas complètement, afin de laisser la garniture apparente. Au fur et à mesure, rangez-les dans le plat. Quand toutes les crêpes sont fourrées, parsemez du reste de beurre en petites noisettes. Saupoudrez de sucre glace.

6 Enfournez à mi-hauteur du four et faites cuire 10 à 15 minutes. Servez brûlant.

Crêpes Suzette

Préparation : 30 min

Cuisson : 45 s*

Difficulté :

**POUR 24 CRÊPES FINES
ET LÉGÈRES :**

PÂTE À CRÊPES :
- 200 g de farine
- 1/2 l de lait
- 20 cl d'eau
- 5 œufs
- 100 g de beurre
- 100 g de sucre
  en poudre
- 1 pincée de sel
- Le zeste râpé
  de 1/2 orange

CRÈME :
- 150 g de beurre
- 150 g de sucre glace
- Le zeste râpé
  de 1/2 orange
- 3 cuil. à soupe
  de Grand Marnier
  ou de Cointreau

FLAMBAGE :
- 10 cl de Grand Marnier
  ou de Cointreau
- 1 cuil. à soupe de sucre
  en poudre

* Temps de cuisson d'une crêpe.

1 Pâte à crêpes : mettez la farine dans une terrine. Faites une fontaine. Faites tiédir le lait avec l'eau, versez le mélange dans la farine et délayez progressivement pour obtenir un mélange parfaitement lisse. Ajoutez une pincée de sel.

2 Séparez les blancs d'œufs des jaunes. Travaillez les jaunes avec le sucre, le beurre fondu et le zeste d'orange. Incorporez les blancs d'œufs battus en neige. Mélangez cette préparation à la pâte, puis mixez.

3 Faites cuire les crêpes sans graisser la poêle. Empilez-les au fur et à mesure pour qu'elles restent moelleuses.

4 Crème : incorporez le sucre glace au beurre ramolli. Parfumez avec la liqueur et le zeste d'orange râpé.

5 Étalez une mince couche de crème à l'orange sur chaque crêpe. Pliez-les en quatre, rangez-les en éventail et recouvrez d'aluminium.

6 Au moment de servir, faites réchauffer les crêpes à four doux. Ôtez l'aluminium. Saupoudrez de sucre, versez la liqueur tiédie et enflammez.

Gâteau de crêpes

Préparation :	20 min
Repos :	30 min
Cuisson :	45 s*
Difficulté :	

POUR 24 CRÊPES :

- 250 g de farine
- 1/3 de l de lait écrémé
- 3 œufs, blancs et jaunes séparés
- 60 g de margarine fondue
- 60 g de sucre en poudre
- 250 g de confiture de framboises
- 30 g de sucre glace

* Temps de cuisson d'une crêpe.

1 Dans un bol, délayez la farine avec le lait et laissez reposer 30 minutes. Dans un autre bol, battez les jaunes d'œufs, la margarine fondue et le sucre. Ajoutez au premier mélange. Battez les blancs d'œufs en neige semi-ferme et incorporez-les au mélange de pâte.

2 Faites cuire de fines crêpes dans une poêle anti-adhésive, jusqu'à épuisement de la pâte.

3 Superposez les crêpes en les tartinant de confiture. Saupoudrez la dernière crêpe de sucre glace.

4 À l'aide d'une brochette de métal rougie, dessinez des lignes sur le sucre glace.

Le conseil du chef :
Laissez reposer la pâte pendant un moment, afin que les crêpes soient plus légères.

Jacques aux pommes

Préparation : 20 min

Repos : 2 h

Cuisson : 2 min*

Difficulté : 🎩

POUR 6 PERSONNES :

- 250 g de farine
- 4 œufs
- 1/2 cuil. à café de sel
- 1 cuil. à soupe de sucre en poudre
- 1 cuil. à soupe d'huile
- 1/2 l d'eau ou de lait
- 3 pommes (reinette grise)
- Le jus de 1 citron
- 1 sachet de sucre vanillé
- Beurre ou huile (pour la cuisson)

FACULTATIF :
- 1 verre à liqueur d'eau-de-vie

DÉCORATION :
- Sucre en poudre vanillé

* Temps de cuisson d'une crêpe.

Le conseil du chef :
Évitez de les empiler, car elles sont assez fragiles.

1 Préparez la pâte : déposez la farine dans une terrine. Faites une fontaine. Mettez-y le sel, le sucre, l'huile et l'eau tiède (ou le lait). Délayez progressivement en partant du centre et en incorporant, peu à peu, la farine. La pâte doit être parfaitement lisse, sans grumeaux.

2 Battez les œufs au fouet à main. Ajoutez-les à la préparation et travaillez à fond cette pâte pour la rendre fine et légère. Laissez reposer 2 heures.

3 Par ailleurs, pelez les pommes, coupez-les en quartiers, évidez-les et détaillez-les en tranches très minces. Mettez-les dans une assiette avec le sucre vanillé, le jus de citron et l'eau-de-vie. Couvrez et laissez macérer.

4 Faites cuire les crêpes : huilez ou beurrez une poêle de 18 centimètres de diamètre et chauffez-la. Versez une fine couche de pâte dans la poêle bien chaude. Répartissez quelques morceaux de pomme à la surface.

5 Versez à nouveau une fine couche de pâte sur les pommes. Retournez la crêpe avec adresse pour faire cuire l'autre côté. Servez les Jacques chaudes, saupoudrées de sucre vanillé.

Mini-crêpes aux griottes

Préparation : 10 min

Cuisson : 30 min*

Difficulté :

POUR **18** PETITES CRÊPES :
• Huile pour la cuisson
PÂTE À CRÊPES :
• 250 g de farine
• 1/2 cuil. à café de sel
• 2 cuil. à soupe d'huile
• 1/2 l de liquide
 (moitié eau, moitié lait)
• 3 œufs
• 2 cuil. à soupe de sucre
 en poudre
• 1/2 cuil. à café
 de cannelle en poudre
GARNITURE :
• 1 pot de compote
 de griottes
• 3 ou 4 cuil. à soupe de
 sirop de fruits rouges

1 Versez la farine dans une terrine et faites un puits. Ajoutez la moitié du liquide. Délayez peu à peu puis incorporez les œufs battus. Ajoutez l'huile, le sel, le sucre et la cannelle. Versez le reste de liquide et mélangez jusqu'à obtention d'une pâte homogène.

2 Graissez une poêle chaude. Préparez des crêpes de petite taille, assez fines. Retournez-les avec une spatule pour faire cuire l'autre côté.

3 Au fur et à mesure de la cuisson, tenez les crêpes au chaud : placez un plat sur une casserole remplie d'eau très chaude et déposez-y les crêpes aussitôt cuites.

4 Couvrez soit avec un saladier retourné, soit avec une feuille d'aluminium bien bordée.

5 Servez les crêpes bien chaudes, accompagnées de la compote de griottes diluée avec un peu de sirop de fruits rouges, pour la rendre plus fluide.

* Le temps de cuisson varie entre 20 et 30 minutes selon l'appareil utilisé (poêle à blinis, poêle à compartiments, appareil spécialisé).

Pikelets

Préparation :	10 min
Repos :	2 h
Cuisson :	1 min 30*
Difficulté :	

POUR 20 PIKELETS :

- 20 g de levure de boulanger
- 1/4 de l de lait
- 1 cuil. à soupe de sucre en poudre
- 250 g de farine
- 1 pincée de sel
- 2 œufs
- Huile pour la cuisson
- Beurre
- Marmelade d'oranges

* Temps de cuisson d'une crêpe.

1 Dans une petite terrine, émiettez la levure. Versez le lait tiède et ajoutez le sucre. Délayez bien, puis laissez reposer 5 minutes.

2 Dans un saladier, mettez la farine et le sel. Creusez un puits et cassez-y les œufs. À l'aide d'un batteur, délayez peu à peu avec le lait sucré jusqu'à obtention d'une pâte lisse et épaisse. Laissez reposer la pâte pendant 1 à 2 heures.

3 Imbibez d'huile un petit chiffon et graissez une poêle à blinis de 12 centimètres de diamètre. Versez-y une petite louche de pâte pour obtenir une crêpe de 1/2 centimètre d'épaisseur. Faites-la cuire environ 1 minute sur la première face, puis 30 secondes sur la seconde. Procédez ainsi jusqu'à épuisement de la pâte.

4 Servez les pikelets tièdes avec du beurre et de la marmelade d'oranges.

Rosace de crêpes exotiques

Préparation : 30 min

Cuisson : 10 min

Difficulté :

POUR 4 PERSONNES :

- 12 crêpes*
- 2 oranges non traitées
- 125 g de sucre
  en poudre
- 10 cl de rhum ambré
- 500 g environ de fruits
  exotiques variés (kiwis,
  mangues, ananas...)
- 50 g de beurre

Voir recette de la pâte à crêpes pages 8-9.

1 Lavez les oranges en les brossant. Râpez finement le zeste. Mettez celui-ci dans une petite casserole. Recouvrez d'eau froide et portez à frémissement. Retirez aussitôt du feu. Égouttez le zeste blanchi, puis rincez la casserole.

2 Pressez le jus des oranges et versez-le dans la casserole. Ajoutez 50 grammes de sucre, la moitié du rhum et le zeste blanchi. Portez à frémissement, jusqu'à obtention d'une consistance sirupeuse.

3 Pendant ce temps, épluchez les fruits exotiques et coupez-les en morceaux. Dans une grande poêle, faites fondre le beurre, puis faites-y sauter les fruits pendant 2 à 3 minutes. Saupoudrez-les du reste de sucre. Laissez caraméliser légèrement (5 minutes environ).

4 Pliez les crêpes en huit. Disposez-les en rosace sur le pourtour d'un plat de service chaud supportant la chaleur. Veillez à laisser vide le centre du plat. Arrosez régulièrement les crêpes avec le sirop d'orange.

5 Retirez les fruits de la poêle. Égouttez-les en laissant le jus dans la poêle, puis disposez-les au centre du plat.

6 Faites réduire le jus de moitié. Ajoutez le reste du rhum et faites bouillotter 1 minute.

7 Flambez, puis versez ce jus sur les fruits. Servez aussitôt.

Rouleaux de crêpes au lait de chèvre

Préparation :	10 min
Cuisson :	45 s*
Repos :	1 h
Difficulté :	👨‍🍳

POUR 12 CRÊPES :

- 250 g de farine
- 1 cuil. à café de sel fin
- 50 g de sucre
  en poudre
- 3 œufs
- 1/2 l de lait de chèvre
  entier
- 1 cuil. à soupe d'eau
  de fleur d'oranger
- 1 cuil. à soupe de rhum
  ou d'armagnac
- 1 cuil. à soupe d'huile
  d'olive

* Temps de cuisson d'une crêpe.

1 Dans une terrine, mélangez la farine, le sel et le sucre. Faites une fontaine et cassez-y les œufs. Travaillez en délayant peu à peu avec le lait de chèvre.

2 Incorporez l'eau de fleur d'oranger et le rhum ou l'armagnac. Ajoutez l'huile d'olive pour donner du liant. Délayez bien.

3 Laissez reposer pour que la pâte soit lisse et bien onctueuse.

4 Faites cuire les crêpes, en graissant la poêle à chaque fois.

5 Au fur et à mesure de leur cuisson, saupoudrez les crêpes de sucre en poudre et roulez-les. Pour les maintenir au chaud jusqu'au moment de servir, vous pouvez éventuellement les placer sur une casserole au bain-marie.

6 Servez dès que toutes les crêpes sont prêtes.